Ålderdomsbrott

Porträtt av författaren som gammal hund

Dikter av
Svante Beckman

Förlag: BoD – Books on Demand, Stockholm, Sverige
Tryck: BoD – Books on Demand, Norderstedt, Tyskland

ISBN: 978-91-7969-261-2

Förord

Djupsinne, värdighet, åthävor och boskapsmentalitet

har jag – som många andra – svårt att tåla

åtminstone i poesi

Skarpsinne, humor, enkelhet och originalitet

är – å andra sidan – svårt att snyta ur näsan

även om man har en lika stor kran som jag

Vad som ska räknas till åthävor är svårt att säga

Man kan knappast leva - än mindre tala till andra

om man inte är beredd att åthäva sig en hel del

Skorna måste man ju - hur som helst - polera

Ilsken panschis

Missnöje, vrede, besvikelse, grämelse, bitterhet, ånger...
Det passar sig inte!

Tjutande hopar av panschisar driver inte runt på gatorna
med järnrören i högsta hugg och skriker:
Hämnd för mina år!

De driver runt på kontinenten och super om nätterna!

Lite ruelse och ödmjukhet är på sin plats!
Lite avklarnad tacksamhet för allt som livet gav!
Lite värdighet och visdom!
Gör inte bort dig inför barnbarnen!

Förlika er gärna med er själva, med ödet, livet, läget,
vädret, farsan, smärtan, Gud – med vad fan ni vill!

Dra inte in mig i det där!

Jag heter Svante

Bland sågverksarbetare i Norrland
var, enligt Eyvind Johnson, *svanten*
den sista slatten i en brännvinsflaska
Det tyckte jag lät futtigt

Jag visste ju att *Svantevit* var namnet
på en mäktig gammal vendisk gudom
med fyra ansikten på huvudet
Han kunde se åt alla håll på samma gång

På Rügen stod hans tempel kvar
långt in på 1100-talet
Det är från Svantevit jag fått talangen
att se på tingen ifrån många håll

Men nu – som gammal - verkar det okej
ja, till och med poetiskt helt korrekt
att dela namn med bottenskylan
i en flaska renat

Glad

Jag har varit hemifrån ett tag

Vem vet var jag har hållit hus

Nu är jag hemma igen

Glädje, infall, arbete, energi

virvlar genom ovana leder

Dagarna räcker ingenting till

Fötter

Jag kan visa framfötterna om det behövs

Bakfötterna skulle jag aldrig drömma om att visa

Så illa känns jag vid dem

att jag ibland inbillar mig att dom inte finns

Att jag numera kan vidgå min vrede

skulle en terapeut förmodligen betrakta som ett framsteg

Det skulle aldrig falla mig in att gå i terapi

med såna fötter!

Glömda saker

Fram skrida de, yrvaket blinkande

en efter en ur skuggornas vrår

saker jag glömt både väna och stinkande,

upphetsat vinkande, kinkande, trugande

barnsliga, ljugande,

talträngda gäster i sena år

Nu har jag inte tid med mitt förflutna

Helst ville jag att dessa oinbjudna

kröp tillbaka in i sina tysta vrår

som tomtenissar efter julen brukar

Om si så där en tio år

får jag kanske tid att lyssna på dem

Vakna till

Bäst lever jag, som folk gör mest

av kärlek och intresse

Livet märks då lika lite

som lungan märker luften

Jag har också levt av hygglighet

av artighet och gammal vana

som om jag inte hade ork

att spela roll ens i mitt eget drama

I kulissen hostade livet menande

När jag fick cancer och i samma veva

hade lämnats av min unga hustru

knackar livet med sån kraft på dörren

att ljudet kunnat väcka upp en död

Jag missförstod signalen kapitalt

Jag låtsades frenetiskt flera år

att allting var som vanligt

Sen vaknade jag till och insåg

att det fanns kärlek och intresse kvar

Gammal hund

Jag föddes i ett gammalt hus
Det var hundra år äldre än jag själv
Katter hade vi för råttornas skull

Kison 1 och *Kison 2* och *Imbecilla*
såg till att råttor inte gnagde på mig otillbörligt
Jag minns dom inte ens

Under större delen av mitt liv har jag haft katt
men sedan fyra år har jag en hund
en *Shetland Sheepdog* som heter Ville

I stunder av förödelse
har Ville varit för en gammal hund
en mycket trogen vän

Bokflod

Det gick en bokflod genom barndomslivet

öppnade man fönstret slog det in en våg av böcker

Nya hyllor måste ständigt snickras

från källare till vind var huset proppfullt

Jag hade fötts i ett akvarium där vattnet

hade bytts mot bokstäver och bilder

Där var det lätt att lära sig att simma!

Detta formade mitt liv

Att Knipps och Knopps äter kalops

Att artillerikonstapel Bols bläckfisk heter

Cullyferdontofoscofolio Polydestropouf

Att det finns speciella spikar under sängen

som, när man rör vid dom och säger "Killevippen"

blir man förvandlad till en pyssling

Att Herr de Villeforts dotter - Valentine

räddade livet på sin farfar – Herr Noirtier

från hennes giftblandande styvmors mordförsök,

genom att, på Dantès inrådan,

ge honom små doser arsenik

Att Jakob Ärligs pråmmadam till moder

drack så kopiösa mängder gin

att hon blev drabbad

av *compustio spontanea*

av självantändning och brann upp

mitt framför näsan på sin stackars lille gosse

Bekantskap sökes

Mitt andra namn är Ernst

Mitt sätt är därför *ernstskt*

Sju sjösjuka konsonanter på raken!

Ett ord att öva på i SFI

Mitt ernstska sätt

är för det mesta friskt och morskt och glupskt

Ibland kan det va drömskt och trolskt och pilskt

Som undantag så är det tredskt och ilskt och vrenskt

Mitt sätt är mera klipskt och sturskt

än dorskt och bondskt

Fast alltid mera sämjskt än bryskt

och aldrig är det dolskt och hätskt och lömskt

Jag ville gärna få bekantskap med

en vacker musikalisk kvinna

i lämplig ålder

Jag ville hon var vänsk och skrattsk och ömsk!

Jag längtar till en sådan kvinna hemskt!

Likna pappa

Enligt en sliten aforism är söners lott

att inte lyckas likna sina fäder

och spegelvänt är döttrars öde

att de blir alltför lika sina mödrar

Det tror jag inte på!

I mycket liknar jag min pappa

Men det är ingenting jag lyckats med

-   eller beklagar

Ett faktum utan vikt utom för mamma

eftersom hon älskade oss bägge

Förbjuden frukt

Tyst lekte även jag med ord på golvet

Familjen hade en variant av *Alfapet*

som hette *Criss-Cross*, fullt med små brickor

På varje bricka fanns en bokstav

Jag kunde bilda allt i ordväg som jag ville

med bibehållen oskuld

Det var inte jag som skrev

orden trillade ju bara fram på golvet

Jag tog dem aldrig i min mun

Jag stirrade en stund förhäxad

på språkets mest förbjudna frukter

och lät dem sedan snabbt försvinna

     spårlöst

Jag diskar inte

Jag diskar inte.

Om det kommer gäster är det roligt

Jag tycker om att göra fint för andra

Numera kommer nästan aldrig någon

Tallriksdrivor växer till fönsterhöjd

och bakom kylen stirrar dammråttor fram

med frusen talg blicken

Jag diskar inte

Det har inget med principer att göra

Jag kan diska, det går att diska,

jag får diska, det borde diskas

men jag vill inte!

När allt porslin och allt bestick är slut så diskar jag

Jag gör det motvilligt. Men jag morrar inte

Ich grolle nicht!

Ny granne

En vacker dam har flyttat in i huset där jag bor

Hon lever ensam med sin katt

Hennes ögon ligger mycket djupt

Hon talar finlandssvenska

Det låter vemodigt och vackert,

aristokratiskt - en fläkt av Tjechov

Jag blir glad och aningen generad

Jag vet inte riktigt vad jag ska göra

Kanske bjuda på en kopp te?

Linas matkasse.se

Jag tittar sällan på TV

Jag orkar inte med reklamen

Linas matkasse har förföljt mig hela vintern

Hej det är Sara!

från SARA HA EN SNYTING GUBBE.SE

Beställ din personliga pepparspray redan idag!

Hej det är Harry!

från HARRY ALDRIG HÖRT TALAS OM HONOM.SE

Beställ en komplett minnesrestaurering redan idag!

Hej det är Agda!

från AGDA DIG JÄVLIGT NOGA.SE

Beställ broddar för alla årstider redan idag!

Hej det är Hugo!

från HUGO MAN TILL HERRTOALETTEN.SE

Beställ diskreta inkontinensskydd redan idag!

Hej det är Stella!

från **STELLA TILL MED BESVÄR FÖR MIN SKULL.SE**

Beställ uppvaktningen på din högtidsdag redan idag!

Hej det är Elsa!

från **ELSA HEM & DÖ.SE**

Beställ din Svanmärkta kista redan idag!

Mammas självbiografi

I mina tonår blev min mor en framgångsrik författare

Hon skrev romaner för moderna unga kvinnor

Med *Tillträde till festen* slog hon igenom

Hon växte upp som fin och vacker flicka

- herrgård, jungfrur, guvernant och kusk

Hennes mamma var mycket fin och vacker

Föräldrarnas äktenskap var katastrofalt

Sniket sjunkande knapadel förenades

med duglig medelklass på väg upp

Mormor, född på Börstorps slott, gifte sig för att rädda

sin egen pappas svindlande affärer

Hon ruinerade så småningom sin man

Mammas morfar sköts sig som sig bör i högre kretsar

Växlarna fick hennes pappa lösa in

Mormors egna barn fick jungfrurna ta hand om

Mest låg hon till sängs med huvudvärk

Hon gick på opium, men visste hur man för sig i salonger

Hon var charmant! Föraktet för sin man
blev hennes enda väg till självrespekt

Min mamma älskade sin far. Som många barn
så tog hon på sig att rädda lyckan i familjen
Hon trodde även att hon älskade sin mor

Senare i livet visste hon att uppväxten och mamman

var nått hon måste reda ut och gå till botten med

-    Hon sköt på saken i det längsta

Motvilligt satte hon sig till slut ner för att skriva

Då var hon över åttio

Med handen redan lyft över tangenten insåg hon,

för första gången klart och kompromisslöst:

-    Hon hatade sin mamma!

Nu, i ett enda slag försonad med sig själv,
så slapp hon skriva boken

I stället fick det bli ett trevligt reportage

om livet förr på Uddagårdens kalkbruk

Nu var min mamma klar med sitt. Hon gick till sängs

Hon saknade sin man.

Hon låg belåtet kvar i sängen tills hon dog

Det tog henne tio år

Bladet för munnen

Ibland kan jag ha blad för munnen
Jag borde sagt ifrån eller visat min besvikelse
Så är det för de flesta

Fast i min barndom fanns på toa
tunna, blanka toablad
som, om man satte dem för munnen
och blåste varligt
gav upphov till en ljuv och gnällande musik

Sånt toapapper förekommer inte mer
Ingen försöker spela *Avestaforsens brus*
på Edet Crèpe

För övrigt kan ett blad för munnen
ge ett vänligt skydd åt tron
att man har någonting att säga
utöver att man också finns
och borde räknas

Sjåpa sig

Suckar, suckar äro elementen

i vars sköte Ålderdomen dväljes

i de land där Achamot befaller

Håret grånas, huden slappas,

färgen glåmas, tänder tappas,

näsan blånas, ögat mattas,

minnet rånas, tanken fattas,

livet hånas, hoppet nattas

Snart skall jag som höstlöv krattas

bort från suckarnas mystär!

Det sämsta är tillbakablick,

skulle Horatius ha sagt.

Se dig aldrig om!

Summera icke!

Ångra intet!

Lev på!

Sluta sjäpa dig för helvete!

Näsan på sommarlov

Salubrin, DDT, fotogen, syndetikon, ättika, rödsprit

björnklister, myggolja, regn, stövlar och urgamla filtar

torrdass, solstekta klippor, bryggor, myrstackar, blåbär

nattviol, gulmåra, fläder,

häggen som vandrat med vinden,

älggräsets kväljande tilltal, den sprittliga krassen

Koskit och hästskit och grisskit och hönsskit

bondkök och kaffe, Karin och Kalle, piprök och såpa

mjölkboden, ölkällarn, källarn med rotfrukt och knolor

remboden, vagnboden, vedboden, smedjan och ladan

Sommarlovsdoftkatedraler!

Båttjära, linolja, mönja,

terpentinets balsamiska ånga

kölsvin och fiskrens,

muggiga segel, torkande ryssjor och nät

När vinden låg på visste näsan vems båtarna var

Passbåtar *Salve* och *Tuff* - dom var Funmarks

Stormans och Normans båtar

var lätta att skilja på dieseln

Tändkulemotorn i Janssons storbåt var bäst

Handlarn Lalér körde varor till bryggan

med söta bensinen. Tulljagarns stora motorer

spred dimmor av vördnad

Någon enstaka gång kom ända långt borta från Åland

mäktiga dofter av kolrök från dödsdömda fartyg

Kulissen för sommarlovsnäsans teater var havet

När jag tänker tillbaks är det den

som jag först och främst saknar

Gamla stan

Alla mina flickvänner är troligen i livet

De hemsöker mig inte på nätterna

Jag gråter inte för deras skull när jag vaknar

Men även utan kvarn och lindalléer

och på ett sätt jag inte riktigt kan förstå

så känner jag ett sting av längtan till dem alla!

Gammal kärlek rosslar lite

som om ömheten ifrån en kvinna vore

en så sällsam, ärad gäst i mannens hjärta

att tacksamheten för besöket aldrig upphör

Öron näsor

Av min pappa ärvde jag stora öron

och en ovanligt stor näsa

Det tog tid att inse att omgivningen vant sig snabbare

vid dessa drag än vad jag gjorde själv

Folkskolemobben skrek bara *Långöra* ett par gånger

På flottans seglarläger hette jag *De Gaulle*

Tonår framför spegeln var tufft som för de flesta

Ingen flicka skulle vilja se åt mig

Jagförsvaret fick jobba på ordentligt

Det bidrog till att jag blev duktig

Men jag hade andra bättre skäl till det

Förutom stor näsa och stora öron

hade min pappa ett stort födelsemärke i ansiktet

En mörkröd knottrig blaffa under ögat

som täckte halva kinden

I tonårsspegeln är de flesta egna

och önskar att de var som andra

Min pappa mötte allas blick som speglar ifrån födseln

"Inte stirra!" hyschar mammorna besvärat

Hans särlingskap var ingen tonårsnoja.

Det var ett kors! Det tog honom ett liv

att adla tvånget att stå ut med märket

Givetvis måste han gifta sig med den vackraste

och mest omsvärmade av alla Lunds studentskor

Han har fått tio gånger mer ur händerna än jag

Jagförsvaret gick på högvarv genom livet

Han hade inget val

Hans egen pappa hade dött när han var fyra

Den döda fadern var, hade hans mamma sagt

den mest briljante och den älskvärdaste man

-    som nånsin funnits

Det fick han också lov att bli

Han lyckades rätt bra

En älskad far som alla stirrar på

gör märken i sin son från födseln

Mitt jagförsvar har vecklats in i farförsvaret

Mitt särlingskap är inte heller någon tonårsnoja

Hans märke valde jag att ärva

Därför har jag inte bara levt mitt eget

jag har även levt min, nu sen länge

döda pappas liv, precis som han, på sin tid,

försökt leva sin

Generad

Jeg liker icke ungdom,
sade en norsk vän till min far vid middagsbordet
Jag satt med och var väl 17 år

Ivrigt grep jag in till ungdomens försvar
och höll ett mindre brandtal
med den talförhet och glöd
jag hade lärt mig just vid detta matbord

Den norske vännen hörde på mig med ett leende
sen sa han till min pappa:
Jeg tror at gutten din er oppdratt for salongerne!
Jag tog det som beröm av både mig och pappa
och jag blev glatt generad

Jag insåg inte att jag hade illustrerat
just det hos tidens ungdom som han inte tyckte om:
Pratglada salongsradikaler som inte visste något
om ockupation, nazism och depression

Det fanns ju gott om oss på 1960-talet

Jag åker hiss

Jag har blivit så gammal
att även hissarna försöker tala förstånd med mig

Min hiss är en rejäl kvinna
"Hissens destination är plattformsplanet!"
säger hon mycket tydligt

Jag uppskattar verkligen hennes omtanke
Ibland säger hon "Hissens destination är entréplanet!"
Min hund gillar inte talande hissar

Varje gång jag kliver in i henne hoppas jag att hon ska säga:
"Hissens destination är Mallorca!"
Dit skulle gärna åka!

Underverk stör mig inte det minsta!

Lycklig barndom

Min pappa lärde mig varken hut eller god smak

Han lärde mig vänlighet, självförtroende

och otålighet med fuskare

Skärp blicken! Komplicera fallet! Abstrahera!

Pladdra inte!

Världen är full med åsnor!

Vik aldrig från dig själv!

Nu ska vi sjunga!

Nästan aldrig att han sa åt mig saker

När det hände blev jag mycket skamsen

Han lekte mycket med mig, läste mycket för mig

målade tavlor åt mig, skrev versar åt mig, sjöng för mig

Helst satt jag hans knä. Han rökte *Carmencita*

Jag älskade den doften

Jag var ju yngst av bröderna. Han hade mera tid för mig

när kriget väl var vunnet och hans karriär var säkrad

Jag var en snäll och glad, en blyg

och ganska näpen gosse

tack vare mammas mörka ögon som jag ärvt

Min mamma var alltid väldigt snäll mot mig

Hon luktade fantastiskt gott!

Hon hade övat sig i moderskap på mina äldre syskon

När jag kom till så var hon fullärd

Om hon blev arg så var det aldrig på mig

Pappa blev aldrig arg. Någon gång blev han tyst

Av syskonen blev jag den enklaste att älska

av kärlek fick jag mycket mera än min laglott

Tack vare detta skriks det inte i min källare

Primala råttor gnager inte på skelettet

Jag dög från början. Jag slapp bevisa mig

som någon annan än min barndom gjort mig till

I dröm och minne år min barndom ljus och varm

och nästan tom

Olrogs princip

Hedda: Kunde ni inte se till att det skedde i skönhet?

Eilert: Med vinlöv i håret som de förr i tiden tänkte?

Henrik Ibsen

Att dö i strumplästen

i långtidsvårdens korridorer

är ingen skam, men ingen ära heller

En död i skönhet enligt Ulf Peder Olrogs tro

är när man på sin åttifemårsdag

betagen fört en skön blondin i valsen

och skådat djupt i hennes yppiga behag

Sen dricker man champagne ur hennes sko

Då får man - helt fatalt - ett fotinlägg i halsen

En dansk kung, exempelvis, dog av hjärtslag

i famnen på ett fnask i Flensburg

Det höga liket fördes hem diskret

Min egen död är obestämd och fjärran teori

Jag känner inget av den

Den bor inte hos mig

Ännu är det bara åldrandet som jag retar mig på

Hos äldre vänner har jag anat oron

för den sista fasens fasor:

Ändlösa variationer på oförmågan

att vara människa

Därför är det lätt att instämma i Olrogs princip:

En död i skönhet är

när sista slaget klämtar

mitt i ett steg av iver

och levande begär

När Karon strax dig hämtar

och du i båten kliver

så frågar du förvånad:

Vad tusan gör jag här?

Tur

De flesta plågor har inte drabbat mig - ännu

Man ska inte ropa hej förrän man är död!

Flera vänner är det redan

Jag har aldrig varit riktigt ensam

Gud har inte varit något för mig

trots att han inte finns på riktigt

Långtråkigt hade jag bara på sommarloven

Fast jag medger att ibland

är det rätt trist att gå ut med hunden

En enda gång har jag varit förtvivlad

Jag hade svikit oförlåtlig

Jag ville dränka mig

Jag har aldrig förkrossats av sorg

Jag grät mig till sömns vid en brors död

Sen var jag bara deprimerad ett tag

Mina fem barn lever – och har hälsan!

Mina smärtor har varit uthärdliga

Jag har aldrig tvingats leva länge med dem

Jag är glad att dom blivit liberalare med morfin

Fyra gånger kunde jag ha dött:

En klippbrant, en fotogenkamin, en bilolycka

och en blodförgiftning

Bara på klippan hann jag bli rädd

För några år sen var jag mycket sjuk

Efter sju timmar på operation ordnade det sig

Jag är mig inte lik, men jag lever

Halvårsmänska

Mellan oktober och februari får jag inget gjort
Mörkret kryper in genom örongångarna
och lägger sig och snarkar mitt inne i huvet
Oljudet gör att jag knappt orkar med mina tidsfördriv:
att spela Alfapet och skriva limerickar

Jag blir tvungen att läsa romaner och biografier

Det är med mina tankar som med kor:
De har stått still och ältat skåpmat hela vintern
När de till slut får släppas loss på våren
så skenar dom iväg och skrattar hejdlöst
som om de aldrig hade skådat ljuset förr

Örat på sommarlov

Genom barndomssommarnattens öppna myggnätfönster
hörde jag hur bäcken rasslade och böljan slog

Jag borde hört en näktergal som sjöng förtroligt också
men så fina fåglar fanns det inte på vår ö

Jag nöjde mig med måsarna. Igenom ljusa nätter
hörde jag dem skrika timme efter timme

Först låter dom förtvivlade men när man vant sig
hör man hur de pratar vänligt med varandra

Korna som gick fritt i skogen kunde knäcka grenar
så att det hörde in till mig. Ibland började dom råma

Jag var förvånad över deras otroligt starka röster
fast tjurarnas var ännu starkare

Vindstilla nätter kunde tjurar ifrån flera öar
bröla kapp på blanka Singöfjärden

Högtidsstunden var när tjockan välde in på kvällen

Svartklubbens mistlur tjöt som en forntidsdrake

Till vardags rådde mygghelvete. Dom skrek på nätterna

Flugsmällor och DDT hade bara måttlig verkan

Dom bet omåttligt. Jag kliade mig överallt

Det blev var i såren. Mamma trodde det var impetigo

Det var det säkert inte, men själva ordet IMPETIGO

tyckte jag lät underbart och mystiskt

När sommarlovet tagit slut så skröt jag för kamraterna

att jag på landet nästan strukit med i impetigo

En död bror

Långsmal, mörk och med klarblå ögon
främst av alla min broder stod
bland idoler som tonåren sökte:
Skarpsinne, glädje och ädelmod
Kunnig i allt, engagerad i världen,
sjöng han vackrast vid hemmets bord

Björn var klippt ur en riddarsaga
skinande rustning och rättfram blick
Varhelst någon oförrätt mötte på vägen
oförvillad till strid han gick
Aldrig förmådde jag följa exemplet
men evigt tacksam för vad jag fick

Tapprast av alla han svalt sig i döden
när smärtan blev oformligt stor
I fjorton år bar han en räv under skjortan
likt gossen i Sparta. Nu ärad han bor
med Boye och Gullberg i Hades,
min ungdoms hjälte och döda bror

Hoppsan

Potensen råkar stryka med vid operationen

Hoppsan! - kan man säga

Ingen smeker ditt kön

ingen öppnar sig gärna

Aldrig i blodskuggans dal

når dig ett skälvande bröst

Det är sånt som man måste räkna med

när cancern sitter i urinvägarna

Numera finns det goda lösningar

på det rent praktiska problemet

Men – av sentimentala skäl – hade jag hellre sett

att allting fått förbliva vid det gamla

Drömmar

Min hjärna roar sig om nätterna på min bekostnad
dess upptåg är fantastiska!

Några tror att hjärnan håller sig i form,
den joggar planlöst i ett skafferi av tankar
och gör historia av vad som helst

Freud trodde med bestämdhet att drömmens sagor
var ekon av begär som hämmats

En tredje anser drömmen vara hjärnors sätt
att rensa skräp i vakenhetens korridorer

En fjärde tror, som Kant, att deras uppgift är
att hindra oss att dö i sömnens käftar

Det finns minst tio teorier till, men ingen kan förklara
dess enastående förmåga att berätta

Aldrig kan ditt vakna sinne bräcka
den egna drömfabrikens fantasikraft

Jag älskar mina drömmar för det mesta

Någon gång kan jag få skämmas.

Ibland sätter de skräck

Nyss drömde jag två mycket detaljerade historier

på samma tema: jag kunde inte hitta till mitt hem

Jag vaknar i panik

Att jag ju faktiskt bor i Hässelby tog lång tid att förstå

Jag frågade mig efteråt om hjärnan menar

att jag borde bo nån annanstans

Hässelby Strand

Jag tycker jag bor bra

Jag ser en bit av sjön ifrån mitt skrivbord

Jehanders pråmar åker av och an

I gryningen hörs studentbalsmåsar skrika

På våren, mellan punkthus sjunger en armé av trastar

Senast i söndags blev jag väckt av kyrkans klockor

Skulle jag tröttna på alla hararna

och rådjur som ränner runt kring husen

så ligger tunnelbanan bara två minuter bort

Påskdröm

En gång mötte jag tre kärringar på vägen
Dom trallade och var otroligt vindögda

Den första var en såpkärring
Hon tvättade mig ren från alla mina synder

Den andra var en påskärring
Hon gav mig en påse att lägga mina gamla synder i

Den tredje var en spåkärring
Hon spådde mig nya synder i utbyte mot dom gamla

Hon varnade mig för mustaschklädda män
i slängkappa, kragstövlar och slokhatt

Efter en stund mötte jag en påskkärring
Häng med till Blåkulla vettja! sa hon

Hon hade varken slokhatt, slängkappa eller kragstövlar
Hon hade bara en sjalett på sig och ögon som skrattade

Kör i vind, sa jag och hoppade upp på kvasten

Vi syndade för fulla muggar hela helgen

Hon tyckte att min kropp luktade gott av såpa

Själv doftade hon av myrra, sandelträ och dixiekola

Påsen med mina gamla synder

slängde jag på bålet!

Göra skada

"Ingen har gjort mig så illa som du"

sa hon, många år senare

Hon var lättad av att få det sagt

Jag sa inget

En snårskog av begär,

ett moras av svek,

villebråds korsande flyktvägar

Ingenting man gärna minns

Karriär

Rikedom, makt, ryktbarhet, ära
sedan Homeros har fria män tävlat om detta
Få har dock varit fria

I fyrfem frågade sig Gustaf, jag och Lennart
om det var Tingsten, Hammarskjöld,
eller kanske Ekelöf vi skulle bli

Den lilla makt jag haft hanterade jag illa.
Det blev just inget av de forskningscentra
jag hade fått mandat att bygga upp

Det ena la regeringen ned.
Det andra gjorde fakulteten till ett upplag
för överblivna professorer

Rikedom var inget man skulle sträva efter i min familj
På sin höjd kunde den vara en oavsiktlig konsekvens
av den allmänna duglighet som fordrades

Ära och ryktbarhet var vi däremot kåta på

Alla kan inte vara som vi och Goethe!

brukade vi säga - belåtet fnissande

Min handledare

Min handledare hette Karl-Gustav
Professor i Ekonomisk historia
hade han blivit av artighet
eftersom hans efternamn var Hildebrand
och för att han, som barn, suttit i knät på Eli Heckscher

Egentligen var han en driven poet
och skrev vackra dikter till en älskad hustru
Hon hette Maj-Stina
Dessutom skrev han psalmer

Han visade mig stort förtroende
och la sig aldrig i mitt avhandlingsarbete

En avigsida av förmågan att få andra att tro på en
är, att de får för sig, att man vet vad man gör

Det gjorde jag inte

Jag saknade en klar idé
om vilket problem jag skulle lösa

Jag insåg därför aldrig hur man bär sig åt

Jag fördjupade mig av bara helvete

i än det ena än det andra

Det gick till botten

Efter att jag sadlat om

blev även jag så småningom professor

fast i ett annat ämne och inte alls av artighet

Det var något som jag gärna ville bli

Jag undrar hur det skulle gått

ifall Karl-Gustav Hildebrand

i stället hade handlett mig

i det han faktiskt brann för själv

Sexliv

En gång i tonåren hörde jag
sexliv från mina mammas sovrum
Mycket svagt visserligen!

Det absolut sista barn vill höra talas om
är deras föräldrars sexliv
Än mindre höra det!

Av artighet så saknas därför ämnet
i de flesta memoarer
Inte i Jan Myrdals förstås!

Hänsynsfulla mänskor väntar
med att skriva sina minnen
tills deras barn är döda!

Jag röker inte

Jag röker inte längre

Jag slutade för femton år sen

Det var för sent

Nu har jag bara hälften kvar av mina lungor

och saknar åtskilliga organ i underlivet

Röken stod mig allra närmast

riktigt hemma hos mig själv

kan jag nog aldrig bli igen

Fast det är längesen jag senast drömde

om ett paket *John Silver*

Kant och jag

Trots att hans teori om humor

år både rolig och humoristiskt framställd

är den inte övertygande

I skrattet finns förvisso mera än

"en spänd förväntans upplösning i intet"

Ett drag i teorin som talar starkt till mig

är den att skratt och ilska är sidor utav samma sak:

Hur överrumpling kan hanteras

Jag känner att min egen humor är

en till Stagnelii frihet adlad form

av all den ilska livet väcker

Så viker jordens oro

för det skratt som varar!

Hobby

Jag har inte någon hobby, men jag har en liten husvagn

som jag köpte i förhoppning om att få en

Den blev stående i en lada

För tio år sen köpte jag en otroligt vacker segelbåt

Äntligen skulle jag bli båtmänniska igen

Den blev kvar på backen

Förr spelade jag biljard

Jag köpte mig ett ståtligt carambolebord

Det försvann i flytten

Ett uppslukande fritidsintresse

Jag hade gärna haft ett sådant

Golf till exempel eller fåglar

Några människor har Gud som hobby

En del har makt, en del musik

En del har snöat in på jultallrikar

Man kan inte ha sitt liv som hobby

I alla fall inte om man inte har

någon att dela det med

Dessutom är det inte i sig själv

en verksamhet som ter sig

regelbundet glädjande

Byggenskap

Under de yrkesintensiva åren av mitt liv
gav jag mig hän åt byggenskap

Jag byggde kantiga begreppsmodeller
som tycktes kunna reda ut det mesta!

Vid spisen kokade jag teori
Herbert Spencer skulle glatt sig åt dem!

Jag byggde organisation och allianser
Jag tänkte få en ny fason på forskningen!

Jag byggde många hus på Kinnekulle
En väldig spik- och sågsam glädje!

Fast barnen tyckte att jag borde
ha ägnat mycket mera tid åt dem

Lovande

Ack Postumus, de flyende åren förrinna!

Ingen skötsamhet kan stoppa rynkorna,

ålderdomens fortskridande

och den obetvingliga döden.

Horatius

Just den obetvingliga döden
är väl inte mycket att hetsa upp sig för i min ålder

Det är klart att frågan om jag har ett
eller tjugo år kvar att leva
kunde vara bra att ha svaret på

Fast det är bäst att slippa veta
Jag skulle bara bli stirrig
och vara tvungen att städa resten av mitt liv

Jag håller hårt på en obestämt lång och ljus framtid
Jag tänker inte upphöra att vara lovande
Det är ju sådan jag är född!

Folkskolegrabbar och jag

Vi pangade doror och gatlyktor

Vi pallade äpplen, jagade katter, sprängde brevlådor

Vi kastade in rökbomber i Robertssons farstu

Vi drog ut dykveckan på båtar längs bryggan

En del saker var livsfarliga

En kille som tjuvåkte på godstågen strök med

Vi hade slangbellor, brännglas, tändhattar,

blåsrör, knivar och pilbågar

Inget man köpte i leksaksaffären precis

Tobbe hade en borrad ollonpicka

som han kunde skjuta måsar med

Mickel, killen från Schweiz, brände ner skogen

Vi retade Börje som var mesig och Tjoga som var tjock

och Tant Signe som var harmynt och konstig

Vi var vanliga skötsamma grabbar

Vi gjorde bara sånt som hörde till

        Fast när jag sköt ekorren fick jag kval

SAOL

En av *Dummerjöns* fina äldre bröder
kunde alla skråförordningarna utantill
Men när han skulle prata för sig
blev det bara *Vabeva!?*
Prinsessan fick han inte

Själv kan jag alla ord i SAOL
Svenska Akademiens Ordlista
fast inte utantill förstås
Det tror jag inte hälper heller

Ett graciöst, poetiskt ord i listan
som jag tycker mycket om
är *flickvän*

En sådan vill jag gärna ha
också av andra skäl
än de poetiskt-språkliga

Lösa skruvar

De omkastade bokstäverna,

de godtyckliga minnesluckorna

de löjliga felsägningarna,

de förlagda glasögonen,

de obegripliga datarutinerna,

den bortglömda tvättstugan,

de felande orden,

den enfaldigt växande tankspriddheten

Jag kan inte ha samma överseende

med min döende hjärna som med min döende kropp

Vi är ju nästan identiska!

Dessutom fruktar jag att skruvarna ska lossna helt

-    innan jag är färdig med mitt

Ålderdomsbrott 1

Inne i skogen ligger ett ålderdomsbrott

Har du inget bättre för dig

kan du gå dit och bryta loss ur berget

stora sjok av överflödig visdom

och söndervittrat minne

Ingen bryr sig

om du tar med dig bitar hem

Ålderdomsbrott 2

Först hade jag en klar och vacker röst

jag sjöng i Sveriges Radios gosskör

Sen kom jag i målbrottet

Med min nya basröst och med goda lungor

sjöng jag mig igenom många kvällar

Sen kom jag i ålderdomsbrottet

Min röst fick gammelmansvibrato

och luften räcker inte riktigt till

Sen kommer sammanbrottet

Då ska jag väsa *Möte i Monsun*

Alla sjutton versarna!

Det gjorde min bror på sin dödsbädd

Ålderdomsbrott 3

På färden mot en mörk inkontinent
möter ålderdomsbrottens rykande sjöar
Atlantens dyning bryter över dolda grund

Livets botten rusar hotfullt uppåt
Master av förlista skutor sticker upp som kors
på en blåsig kyrkogård av skeppsvrak

På Geijers tid fick man ta Gud i hågen
på kursen in i ålderdomens skärgård
Nu har vi GPS och läkarvetenskap

De har förlängt den sista resan
i genomsnitt med cirka 30 år

Åldringstips i sten

Du ska bara ha *ett* par läsglasögon att hålla reda på!

Vad du än missbrukar skall du genast sluta med det!

Du skall icke göra dig till ett beläte i kassan på ICA!

Även om alla dina dagar äro vilodagar
måste du försöka skärpa dig ibland!

Du skall icke taga kål på din nästa genom att prata
oavbrutet i telefon med vederbörande!

Du skall icke begå ålderdomsbrott!

Du skall icke stjäla med dig Landstingets ägodelar
när du kommer hem från sjukhuset!

Du skall icke kalla din nästa för en galen pissråtta
bara för att hans toalett stör dig på nätterna!

Du skall icke hava begärelse till din nästas Porsche
eller till hans hemtjänstpersonal!

Du skall icke inbilla dig att du kommer till Himlen
Sådana som du passar inte där!

Hänga läpp

Genom cancern förlorade jag – *ex ante*

några kroppsdelar och min frus kärlek

Ex post knackar nya friheter på dörren

Dom är inte alltid lätta att ta i bruk

Att tvingas återfödas i 70-årsåldern

utmanar en hel del. Det överraskar också

Läpp har jag inte tid att hänga

Dessutom finns det inte längre någon

som kommer springande

och tar upp mig i sin famn

Hur skulle det se ut förresten?

Folkskola

Folkskolan var en chock
Skolbespisning var det värsta
Åt man inte den vidriga kålsoppan
tvingades man att göra det
Rädslan tryckte in en jättesked i käften

Gud hade jag aldrig hört talas om förut
I skolan tjatade man jämt om honom
En galen typ som dräpte alla i sin väg
Varje skoldag började med bön och psalm
fast sjunga gillade jag ju!

Bara i skolan har man badat mig med tvång
Feta ondskefulla baderskor
kollade med gnuggningar
om det var rent emellan tårna
innan man fick simma i bassängen

Under en tid låtsades jag gå till skolan

Jag gömde mig inunder busshållplatsen

tills de andra barnen i kvarteret åkt i väg

Sen satt jag hos skomakarn tills skolan var slut

Han var Sjundedagsadventist

Jag kunde läsa innan jag började

men det tog flera år av trälig möda

innan jag kunde skriva skrivstil

på det sätt som fröken krävde

med bläck och stålstift

Förmodligen lärde jag mig något

Tvång och rädsla var det främsta

Hallands floder, Skånes städer och *Du klara sol*

Faran att bli mobbad under rasten

En ond och obegriplig värld

Posthum egendom

Jag har ingen tanke på att dö

men det gläder mig ofantligt

att jag efter döden kommer äga

om än helt kort

såväl ett *sterbhus* som ett *dödsbo*

En språkpurist som Viktor Rydberg

ville inte för sitt liv

få *sterbhus* på sin hals

efter sin död

För mig är det en lycka att få dö

i ett så praktfullt språk

Självrespekt

Det inre kravet på respekt

kan vara slavens väg till uppror

men oftare är det hans starkaste fängsel

Människan är född fri!

Hennes drömmar har ingen gräns!

Överallt ser man henne

i den egna självrespektens bojor!

Som slaveri betraktad är ålderdomen inte särskilt subtil

Jag håller god min och låtsas som det regnar

medan livet långsamt rinner ut i rännstenen

Fåglarna tystnar framåt hösten

generade över att de förverkligat sig själva

Pianolektioner

Fingrarna blev aldrig flinka nog
för att få Haydenfickor att stoppa ner dem i
Jag önskar att jag hade haft det!

Jag kom aldrig längre än till *Für Elise*
Jag lärde mig inte ens hela stycket utantill
Jag ville hellre spela dixieland som brorsan

Trots att Horatius har lärt mig att aldrig se mig om
har jag - i smyg - gjort topplistor med ånger
Att jag slutade att spela piano hos fru Attorps
hamnar alltid högt på listan.

Oförstånd och brist på förutseende
Överskattning eller underskattning av sig själv
Den alltför veka viljan, slumpens skördar
här finns det grund för ånger

Det går en rådvill latmask genom mänskolivet!

Sen pubertet

Kaotisk uppväxt ropar efter ordning
Min egen viskade diskret om vårdslöshet
om äventyr och galenskap

Mitt första äktenskap var såtillvida
en lång förlängning av en lycklig barndom
Ett mycket bra förhållande

I puberteten kom jag först vid 60
då hade viskningarna växt till rop
Jag rymde handlöst

Om detta blev en gammal hatt att äta upp
eller ett frihetssteg att glädjas åt
har jag fått undra över

En löjlig undran kan det tyckas:
Om själva tanklösheten var poängen,
hur kunde jag väl då ha tänkt mig för?

Filosofi

Om jag hör någon säga "Cartesius" högt och tydlig
dessutom med fransk brytning
kan jag då vara helt säker på att jag finns?

Om ordet hund betecknar hundarna i sinnevärlden
implicerar då begreppet hund
en annan värld för objektiva hundars existens?

Det är med filosofi som med kvinnor:

Ganska oberoende av vad jag lärt
och om jag alls förstått det hela
tvingas jag ständigt återvända till dem

Pappas självbiografi

Jag är i åldern då en och annan skriver sin historia
Leif GW Persson till exempel. Vi är födda samma år

En gammal vän har skrivit två
Jag har aldrig vågat läsa raderna hon skrev om mig
Jag ville inte minnas stunder
då jag borde valt, men inte valde
Ett skäl, så gott som något, att inte skriva sin historia

Men jag har flera.

I mitt arkiv finns fem versioner
av min pappas memoarer
Stora manuskript på många hundra sidor var
En bok om barndomen blev klar, men trycktes aldrig

Att inte klara av det här tog honom hårt
Han hade trots allt publicerat tjugo egna böcker
och som förlagschef säkert tusen andras

Jag tror han inte visste vad han ville

Kanske var han faktiskt rudis på att tala om sig själv?

Var det historia om världen som han levat i

och själv sökt bygga?

Var det en loggbok över tankar som följt med i livet?

En rapsodi av händelser och möten? En jagroman?

En pikaresk? Ett monument över sig själv?

En resumé av *highlights* i hans redan skrivna böcker?

En samling anekdoter för hans barnbarn?

Eller bullade han upp för striptease

av en tidlös tonårssjäl?

Han ville säkert allt det här. Han var rätt gränslös

Han hade fått bevisa sig på många fält

Nu fanns ett sista storverk kvar att skriva:

att som final få träda fram i helfigur

Han skrev som ett Jehu

Det hjälpte inte

Han dog i känslan av att ha förlorat

slaget om sig själv

Nikotin

Jag borde sluta snusa, men jag vågar inte

Jag fruktar att jag skulle översvämmas av

den rastlöshet och depression

som i ett lagom mått skall göra livet drägligt

Min pappa slutade till sist att röka

Efter ett halvår var han död

Glenn över sjö och strand Strömberg ur fjärran

Det första som jag insåg
att man faktiskt *måste* kunna skriva
förutom *Svante* och brev till mormor
var julklappsvers

Det var många kvällar före jul
som familjen mangrant samlades i salen
och rimmade för glatta livet
även barn kunde få smutta på pappas Vermouth

Konstfullt skaldad skulle versen vara
Spexig, gåtfull, elegant och allusionsrik
De yngsta kunde nöja sig med grötrim
men visste vad som väntade på sikt

Snäll och duktig, lärde även jag med tiden
att skriva rolig vers och hålla vackra tal
Här står min pappas förebild mig mycket nära
och den har plogat vägen för poetisk smak

Den vers jag gillar bäst

står på en grund av leende och dans

Den får gärna skrika, gråta, stampa också

och ska förvisso visa sin förmåga

att fånga ögonblickets fåglar i sin flykt

Jag hittar det hos många. Ett bra exempel

är Werner Aspenström:

Sardinen vill att burken öppnas emot havet

Ordinärt själsliv

Varken stjärnhimlen eller morallagen

förundrade mig ens i tonåren

Jag har inga existentiella griller

Jag växlar ledigt sinnesstämning

mellan vardagsliv och högtid

mellan lek och allvar

Den här världen passar mig

Jag rör mig ganska obehindrat

i dess rutnät

Ångest plågar mig aldrig

och inte heller leda

Mitt hjärta jagar varken efter frid eller extas

Men kärlek vill det ha

Det kan förklara varför jag ibland

kan översvämmas av min ilska

Förundrad och generad

hör jag svordomarna forsa

över ett glas på bordet som jag vält

Hästkarlar

Min mamma förde med sig, halvt på lek,

en bördsförnämitet, en klassinstinkt

där skicket i salongen var en viktig sak

Där pigorna var pigor. Hon skämdes för det

Hon skrämde bort mig från min första kärlek

- Byggbranschdöttrar var nog ingenting för mig!

Att hon var svartsjuk på en tjej vars mörka skönhet

liknat hennes egen - Det fattade jag ju inte då!

Hennes far och hennes man hade haft långa smala,

flaskliknande kroppar. Det gillade hon inte

Att jag och äldsta brorsan hade korta ben och breda axlar

det gillade hon desto bättre

Så såg en riktig hästkarl ut!

Dekoration

Min pappa tänkte först bli konstnär
I tonåren kallade han sig "Skaras Rembrandt"
1923, när han var sexton, skrevs han in
på Konstakademin i München

Där upptäckte han att världen var full
av fattigdom, prostitution och unga män
med mycket större talang än hans

Av honom lärde jag mig dekorera
möblera, tapetsera, hänga tavlor
garnera hjärtan, duka middagsbordet fint

Jag har ett träd jag tror han skulle gilla
en grön och ståtlig konstgjord sak
På julen är det som en vanlig julgran

Då har den änglar, hjärtan, glitter
tomtar, polkakäppar, blanka kulor
Men framåt Påsk förvandlas den dramatiskt

Då blir den full av gula fjädrar

Glada påskägg ligger mellan grenarna

I tysta veckan bär den violetta fjädrar

I juni får min gran sin sommarskrud

av svenska flaggor och små partyhattar,

av fina band och majstångsblommor

In under grenarna så hänger - lite skämtsamt

små brännvinsflaskor och kondompaket

Sent i oktober sker en sista metamorfos

Då glöder rönnbärsklasar i mitt träd

och hundra vackra lönnlöv skimrar

På grenarna finns det choklad och frukt

Mitt vårdträd prunkar genom årets skiften,

Det skrattar åt mig, ropar: Kom!

Hedra din fader, som det sägs i skriften!

Glöm besvikelser och minns att driften

att dekorera varar året om!

Eftermäle

Jag minns mina föräldrar
med kärlek och med stolthet

Just så
vill väl envar förälder minnas

Det betyder att jag har
en del att jobba på

Jag hoppas jag får tid
att ordna saken

Klaffar

Mina klaffar klaffar ännu och min lever lever

men blåsan blåser inte som den ska

Den fick dom byta ut!

Och mina lungor lugnar inte längre ner sig riktigt

De flåsar mig i nacken

ett sardoniskt flås!

Jag rör mig i min kropp med vaksam misstro

som i ett ruckel som stått obebott sen länge

Vart steg och andetag jag tar kan va det sista

Allt kan vara murket, allt kan brista

likt gossens bubbla!

Jag går ut med hunden, Ville, varje kväll

I dörren hejdar jag mig ofta

Jag går tillbaks och stoppar förutseende

mobilen i min innerficka

Till hunden säger jag: Nån kanske ringer!

Det är ett svepskäl!

Förr eller senare kommer jag att bryta benet

när jag går ut – eller nacken kanske

Jag måste kunna ringa efter hjälp

I trappan har jag alltid ledstången i handen

I skogen stirrar jag på marken där jag går

Jag litar inte längre på min kropp!

Jag klappar den på axeln

Jag tränar och jag motionerar den

Den lämnas in på service regelbundet

Jag har ju inget annat val än att bo kvar

i detta årligt nedgraderade hotell

      mitt hem i världen

Ont blod

Jag ärvde ilskan av min mor

Hon ärvde den av sin

Den kallades: *Det Onda Blodet*

Alla mina syskon fick det

i varierad grad och form

Mest fick min äldsta bror

Min mamma hade kval för

att hon i barnens ådror blandat

min pappas goda blod med mormors onda

Att ilska inte passar sig

det tvangs jag inse tidigt

när brorsan gormade och morsan skrek

Den fick jag hålla för mig själv

Jag sparkade på papperskorgen i mitt rum

När ingen såg det, hade jag sönder saker

Tredska ting, teknik som inte funkar

får än idag en skopa vettlös ilska

Dessa satans ingenjörer!

Om än stupid i det konkreta fallet

är nog min ilska

den mest abstrakta känslan i mitt liv

Här flyter namnlös frustration

med mållös livskraft samman

Den rena jagiskheten!

Det var först senare

jag lärt hos Birger Sjöberg

att ilskan bär oss över livets strömmar

Sjunga

Jag håller mig i form genom att sjunga

i kör ibland, men ofta själv vid pianot

vid mandolinen eller min gitarr

Att sjung starkt är bra för risig lunga

men ej för grannarna i trappuppgången

Helst vill jag melodin ska va nåt

där ord och ton kan smälta hop på tungan,

i harmoni som väcker hjärtats darr

Då blir även gamla hundar unga

och tror: Det bor en gud i sången!

När tanken, sången, talet, dansen

i samma ögonblick skär genom känslans späck

då blir det poesi!

Prioriterad sittplats

Överallt finns ord att leka med

I tunnelbana faller blicken på
"Prioriterad sittplats"
Det är där jag sitter

En hierarki av fyra platser träder ofrånkomligt fram
Min plats är bäst. "Oprioriterad ståplats" är den sämsta.

Men frågan uppstår om "prioriterad ståplats"
finns i verkligheten eller bara i språkets spegelsalar.

I andra tunnelbanor finns rent av
en "oprioriterad liggplats"?
Den kan jag ta när jag blir gammal!

Bokstäverna på skylten skyfflar sig:
Såväl *OP-irriterad* som *teoripirrad*
ser jag plötsligt *plasttits* genom *pattslits*!

Det gillar jag!

Visdom

En visdom som jag tycker värd att spara

som snookerspelare, poet och mänska,

är den, att det är svårt att lyckas bli nåt

man inte under lång tid låtsats vara

Covid -19

Jag blev vaccinerad med AstraSeneca
För mig fanns ej annat att få
Men på stjärnorna tittar jag gärna

Konstigt nog ska man sikta mot dem
om man av outgrundlig anledning
önskar hamna i en grantopp

Men Senecas *Om livets korthet*
ger jag inte mycket för:
en grimas av utdöd romersk värdighet

Fast roligt är det när han skrävlar
om hur mycket högre värdighet han har
än till exempel samlare av bronser

Här får min egen gamla misstro
mot allt pladder om *kulturarv*
historiskt vatten på sin kvarn

Att sikta mot det förflutna

tycks mig lika oförnuftigt

som emot stjärnorna

Fånga dagen!

Tänk på framtiden!

Arbeta träget!

Låt inte ålderdomen bli ett otium för folket!

Värdelös visdom

Det gäller att inte sätta ribban så lågt

att man snubblar över den

och inte heller så högt

att man slipper hoppa

Det är med visdom som med litteratur;

Det är sånt som vi får ägna oss åt

som aldrig dög till popstjärnor

Glad panschis

Statistiskt sett är pensionärer glada
även dom som inte har
något till övers för Thore Skogman
I enkäter är vi "nöjda" eller "mycket nöjda" med vårt liv
Trots allt det där med "sista versen"

Svaret på enkätens fråga är bedrägligt
Inför oss själva vill vi inte skylta med
att vi är sämre på att leva våra liv än andra

Dessutom "ska man inte klaga"
"många har det mycket sämre"
Svenska tigrar pratar inte bredvid mun
om ångest, värk, tristess och vrede

Själv borde jag absolut inte klaga
Jag har ju alla mina barn och hunden!
Jag spelar Snooker trots Corona varje vecka!
Jag har en bra pension!

Mitt mirakelbarn, trettonårigen Frans

är ju – för sjutton - hos mig flera gånger i veckan!

Är inte det tillräckligt

som luft och ljus betraktat?

Är inte versen själv

ett tecken på

en återvunnen glädje?

Innehållsförteckning

Man väntar sig att poesi

ska visa sinnet hos den röst som talar

men vanlig självbiografi

har knappast plats i diktens salar

Den regelns giltighet vill jag betyga

igenom detta undantag

med fokus på mitt eget vara

Mitt självporträtt är ett kollage

av händelser, idéer, karaktär,

av sådant som i mitt bagage

kan ge en fläckvis bild av vem jag är

Om svalorna jag vikt kan flyga

om deras flykt är någon till behag

den frågan får nu läsaren besvara